BEI GRIN MACHT SICH IHR WISSEN BEZAHLT

- Wir veröffentlichen Ihre Hausarbeit,
  Bachelor- und Masterarbeit

- Ihr eigenes eBook und Buch -
  weltweit in allen wichtigen Shops

- Verdienen Sie an jedem Verkauf

Jetzt bei www.GRIN.com hochladen und kostenlos publizieren

Bibliografische Information der Deutschen Nationalbibliothek:

Die Deutsche Bibliothek verzeichnet diese Publikation in der Deutschen National-
bibliografie; detaillierte bibliografische Daten sind im Internet über http://dnb.d-
nb.de/ abrufbar.

Impressum:

Copyright © 2014 GRIN Verlag, Open Publishing GmbH
Druck und Bindung: Books on Demand GmbH, Norderstedt Germany
ISBN: 9783668324954

Dieses Buch bei GRIN:

http://www.grin.com/de/e-book/340909/marktanalyse-und-evaluierung-von-flexiblen-
rule-engines-unter-beruecksichtigung

Anonym

Marktanalyse und Evaluierung von flexiblen Rule Engines unter Berücksichtigung von .NET-kompatiblen Systemen

GRIN Verlag

GRIN - Your knowledge has value

Der GRIN Verlag publiziert seit 1998 wissenschaftliche Arbeiten von Studenten, Hochschullehrern und anderen Akademikern als eBook und gedrucktes Buch. Die Verlagswebsite www.grin.com ist die ideale Plattform zur Veröffentlichung von Hausarbeiten, Abschlussarbeiten, wissenschaftlichen Aufsätzen, Dissertationen und Fachbüchern.

Besuchen Sie uns im Internet:

http://www.grin.com/

http://www.facebook.com/grincom

http://www.twitter.com/grin_com

HTW Dresden   01.02.2014

Wirtschaftsinformatik

Projektseminar

Marktanalyse und Evaluierung von flexiblen Rule Engines unter Berücksichtigung von .NETkompatiblen Systemen

Inhaltsverzeichnis

1 Einleitung

Moderne Informationssysteme sind mittlerweile keine einfachen Anwendungen mehr. Die Komplexität der Programme kann nicht mehr von jedem einzelnen Mitarbeiter durchschaut werden. Somit werden einfachere Anwendungen benötigt, die zur Abbildung komplexerer Prozesse eine möglichst simple Beschreibung von Regeln bereitstellt, die letztendlich zur Entscheidungsfindung oder auch Steuerung von Prozessen beitragen. Dies kann mit sogenannten Rule Engines realisiert werden.

Rule Engines sind Frameworks die Regeln speichern, verwalten und bereitstellen. Diese Regeln sind meist von einem Unternehmen festgesetzte Abläufe, die zur Automatisierung von eigenen Geschäfts- oder Produktionsprozessen dienen.

Die einfachste Regel ist hierbei eine Wenn-Dann-Beziehung, welche umfangreich aus der Programmierung bekannt ist. Hierbei gibt es eine Bedingung durch die dann zwei mögliche Ereignisse eintreten können. Komplexere Varianten sind Entscheidungstabellen, in denen auch Ereignisse in Beziehungen gesetzt werden können.

Im Rahmen dieses Projektseminars soll eine Marktanalyse von vorhandenen Rule Engines durchgeführt werden.

Die Arbeitsschritte untergliedern sich in folgende Bereiche:

1. Eine Marktanalyse zu den generell am Markt verfügbaren Rule Engines mit einem Aufbau von Bewertungskriterien.
2. Erste allgemeine Bewertung der Systeme anhand der Unterlagen und verfügbaren Referenzen. In einer zweiten Stufe sollen 3 bis 4 Systeme für eine detaillierte, praktische Evaluierung ausgewählt und speziell auch bezüglich Performance und Anwendungsflexibilität getestet werden.
3. Am Beispiel von 2 Referenzsystemen aus dem Bereich SOA und Diskrete Simulation sollen mögliche Integrationsszenarien erstellt und am Beispiel von 2 konkreten Rule Engines auch praktisch getestet werden.

2 Marktanalyse

Im ersten Schritt haben wir uns allgemein über Rule Engines am Markt informiert. Wir haben bei der ersten Suche bewusst noch keine Kriterien festgelegt um möglichst ein breites Spektrum von Anbietern beleuchten zu können. Hierbei haben wir festgestellt, dass nicht alle gefundenen Ergebnisse verwertbar waren. Viele der gefundenen Rule Engines waren veraltet und wurden nicht mehr unterstützt.

Der zweite Schritt war ein Gespräch mit dem Kunden über dessen Anforderungen. In diesem Rahmen wurden auch die beiden Systeme vorgestellt für die eine Rule Engine gefunden wurde.

Das erste System heißt SOAlution und ist ein SOA-System. Dieses Bus-System dient zum vermitteln von Nachrichten zwischen Endpunkten, welche mit dem Bus-System verbunden sind. Die Forderung ist eine Rule Engine zu finden welche an das System angeschlossen wird und nach gewählten Kriterien entscheidet, an welchen Endpunkt weitergeleitet

Das zweite System ist ein Simulationssystem für eine Produktionstrecke. Auch hier soll über die Rule Engine, zum Beispiel auf Grund von Belastung der Maschinen, festgelegt werden können an welche Maschine das Produkt weitergeleitet wird.

2.1 Kriterien

Nach Vorstellung der Systeme, mit dem Wissen aus der ersten globalen
Suche und dem Gespräch mit dem Kunden, haben wir für die Analyse
folgende Kriterien gefunden:

Muss-Kriterium	Soll-Kriterium	Kann-Kriterium
angemessener Preis / variable Lizenz	Hardware- / Software-anforderungen	Vorhandene Regeln
.NET – Anbindung	Debugger	Regeldokumentationen
Visualisierung	Programmieraufwand	Flexibilität
GUI	Externe Quellen	Unterstützung des Anwenders
Testfunktion		Mobile Endgeräte
Dokumentation zum Programm		

Abbildung 1: Kriterien der Marktanalyse

Ein wichtiges Kriterium ist die .NET-Anbindung. Da das Ausgangssystem
auf .NET basiert, sollte auch die gefundene Rule Engine möglichst ein .NET
System sein oder zumindest .NET-kompatibel. Als weiteres hoch
einzustufendes Kriterium ist auch der Preis bzw. die Lizenz zu nennen. Die
vorhandene Lösung wird letztendlich in einem kommerziell zu
vertreibendem System eingebunden werden. Folglich sollten die
Lizenzkosten der Rule Engine nicht den zu erwartenden Gewinn
übersteigen.

Großer Wert wird auch an die Anbindung externer Quellen gelegt. Dabei lag
die Bedeutung vor Allem auch auf dem Import via XML.

Da die Rule Engine zusätzlich zum eigentlichen Produkt geliefert wird, sollte die Dokumentation zur Rule Engine gut ausgeprägt sein. Wenn möglich sollte auch eine Testfunktion der Regeln vorhanden sein, um die Stabilität des Systems nicht zu beeinträchtigen. Ob die Lösung schon Regeln mitliefert ist dabei nicht von besonderer Bedeutung.

Auch die Anforderungen an das System ist ein zu beachtendes Kriterium gewesen. Gerade für die Simulation von Produktionsprozessen ist es wichtig das die Rule Engine schnell reagiert und keine hohen Anforderungen an das System stellt. Auch der Programmieraufwand sollte gering gehalten werden. Denn gerade der Endanwender sollte schnell und flexibel eine neue Regel erstellen können, ohne große Programmierkenntnisse zu benötigen.

2.2 Gewichtung der Kriterien

Um die Auswertung entsprechend deutlich zu machen haben wir eine erste
Wichtung der Kriterien festgelegt um so einen Favoriten ermitteln zu
können.

Kriterium	Gewichtung
Angemessener Preis/ flexible Lizenz	4
Dokumentation zum Programm	3
.NET Anbindung	4
Visualisierung GUI	3
Testfunktionen	3
HW/SW Anforderungen	2
Debugger	2
Programmieraufwand	2
externe Quellen	4
Dokumentation der Regeln	1
vorhandene Regeln	1
Flexibilität	1
Unterstützung des Anwenders	1
mobile Endgeräte	1

Abbildung 2: Gewichtung der Kriterien

2.3 Ergebnisse

Auf Basis der ersten Suche und mit den ermittelten Kriterien, haben wir uns
für 7 Anbieter entschieden die wir näher untersuchen wollten.

Kriterium		Bosch	TCL /TK	IBM	MS BizTalk	Corticon	FlexRule	Drools
Preis/Lizenz	4	2	3	3			3	3
Dokumentation zum Programm	3	3	2	2	3	1	1	3
.NET Anbindung	4	3	2	3	3	3		3
Visualisierung GUI	3		3	1	3	3	3	3
Testfunktionen	3		3	2	2	2	3		2
HW/SW Anforderungen	2		3	3	1	2	3	3	3
Debugger	2		3	2	3	3	3	3	3
Programmieraufwand	2		2	1	1			3	1
externe Quellen	4		2	2	1	3		3	2
Dokumentation der Regeln	1		3		2		3		
vorhandene Regeln	1		2		2				3
Flexibilität	1		2	2	1	3	1	3	3
Unterstützung des Anwenders	1		2	2	2	2	3	2	2
Gesamtergebnis		80	59	66	63	57	71	69

Abbildung 3: Bewertungstabelle

3 Anbieter

3.1 Bosch

Aus dem Hause "Bosch Software Innovations" kommt eine sehr mächtige Software welche den Namen "Visual Rules" trägt.

Unter diesem Namen exisitieren leistungsfähige Werkzeuge und Plattformen für die Erstellung,

Verwaltung und den Betrieb der Geschäftslogik für Anwendungen.

Visual Rules ist eines der marktführenden Business Rules Management Systeme welches sich

besonders durch seinen intuitiven grafischen Einstig auszeichnet.

Nach einer Anfrage erhielten wir eine 30 Tage Testlizenz um einige Bestandteile der Software testen zu können.

Die Regelmodellierung mit Hilfe des Visual Rules Modelers ist selbst ohne große Einarbeitung und ohne Programmierkenntnisse von Anfang an verständlich.

So konnten wir rasch Regeln in Form von Ablaufregeln und Entscheidungstabellen modellieren und diese anschließend in Testfällen analysieren wo uns die Software durch kurze Ausführungszeiten überzeugen konnte (~ 2,5 ms – Systemabhängig).

Weiterhin überzeugten uns die Kontaktmöglichkeiten bei Fragen bezüglich der Software.

Auf Emailanfragen wurde innerhalb eines Werktages (sogar telefonisch) reagiert.

Und dies obwohl wir zu diesem Zeitpunkt kein "zahlender Kunde" waren.

Eine Integration unserer erstellten Regeln war in der Testversion aufgrund fehlender Komponenten (Execution Plattform) in .NET / SOA Anwendungen nicht möglich.

Allerdings sind bei Bosch Anleitungen, sogar in Form von Video Tutorials vorhanden sodass man sich von der Integration überzeugen lassen konnte ohne selbst "Hand angelegt zu haben".

Somit konnte uns Bosch in vielen Bereichen überzeugen und kristallisierte sich als einer der Favoriten heraus.

3.2 TCL/TK

TCK/TK ist eine Open Source Skriptsprache zur Programmierung von Web-
und Desktopanwendungen, Datenbankanwendungen und vielem mehr. Als
Open Source Variante war es anfangs eine sehr interessante Möglichkeit um
sie als Rule Engine einzusetzen.

Allerdings muss, durch den im Vergleich zu Java oder C++ fremden Syntax
der Skriptsprache, TCL erst erlernt werden um es gut einsetzen zu können.
Für einen Endanwender ist es dadurch sehr schwierig selbst Hand an die
Programme legen zu können und eigene Regeln festzulegen. Es wird also
immer ein Entwickler oder ein Unternehmen gebraucht, welches
gewünschte Änderungen umsetzt. Durch umfangreiche Tutorials und eine
sehr große Community bestand aber durchaus die Möglichkeit dieses Tool zu
erlernen und einzusetzen.

Codebeispiel Hello World:

```
set hw "Hello World!"
puts $hw
```

Auf der Konsole käme mit dem Aufruf von tclsh 'Dateiname.tcl' dann die
Ausgabe:

```
Hello World!
```

Die Kompatibilität war durch einige, wenn auch teils kostenpflichtige,
Erweiterungen gegeben. So war durch das kostenpflichtige "tclbridge"
die .NETKompatibilität erfüllt. TCL hat ebenfalls einige Erweiterungen um
mit Standard-Datenbanken wie MySQL und Sqlite zu kommunizieren.

Eine eigens für TCL und ähnliche Skriptsprachen entwickelte GUI ist im
Paket enthalten. Das sogenannten TK (Toolkit) ist ein wenn auch simples

doch kräftiges Tool zur Programmierung der grafischen Oberfläche. Ebenfalls im Installationsumfang enthalten ist ein Testsystem für TCL.

Letztendlich haben wir uns Aufgrund des großen Programmieraufwandes für Umgebung und Funktionalität und dem Fehlen schon vorhandener Regeln dazu entschieden dieses System nicht zu nutzen. Für Unternehmen die diese Sprache schon nutzen und die nötigen Ressourcen bereits haben, ist es allerdings eine gute Möglichkeit eine Rule Engine zu entwerfen und diese in den Programmablauf zu integrieren.

3.3 IBM

IBM bietet eine Rule Engine innerhalb ihres Operational Decision Manager an. Das System baut auf dem Vorgänger ILOG JRules auf und setzt sich aus zwei Komponentensätzen zusammen (Decision Center und Decision Server), die gemeinsam eine vollständige Plattform für die Verwaltung und Durchführung von Geschäftsregeln und -ereignissen bilden.

Aufgrund der hohen Komplexität und Umfang des Systems haben wir es frühzeitig als zu groß für unsere Anforderungen gesehen, d.h. der Aufwand (und damit eingeschlossen die Kosten für das System) stehen in keinem Verhältnis zu dem Nutzen für unsere Anwendungsfälle.

Das System ist zweckmäßig für große Unternehmen, welche komplexe Entscheidungsbäume haben und diese Prozesse automatisieren wollen, damit sich vor allem die Reaktionsfähigkeit bei unerwarteten Ereignissen verringert.

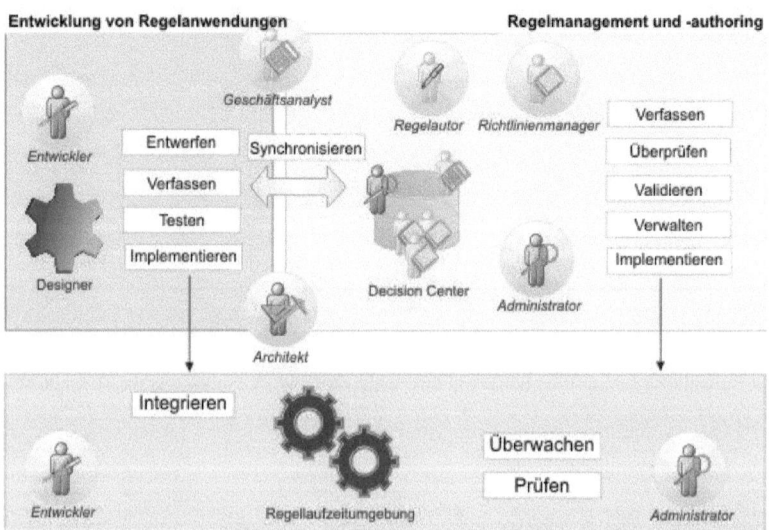

(Überblick Aufbau des Systems)

4.4 Microsoft BizTalk / Workflow Foundation

Aus dem Hause Microsoft kommen gleich zwei Lösungen für unser Projektseminar infrage. Im ersten Teil unserer Marktanalyse sind wir auf den Microsoft BizTalk Server gestoßen. Dieser bietet ähnlich wie das System von IBM ein umfangreiches und mächtiges System an. Der große Vorteil von Microsoft BizTalk Server besteht darin, dass man in seiner gewohnten Umgebung von Microsoft Office arbeiten kann. Für unsere kleinen Anwendungsfälle bietet der komplette BizTalk Server zu viele Funktionen an, welche wir in diesem Umfang nicht benötigen.

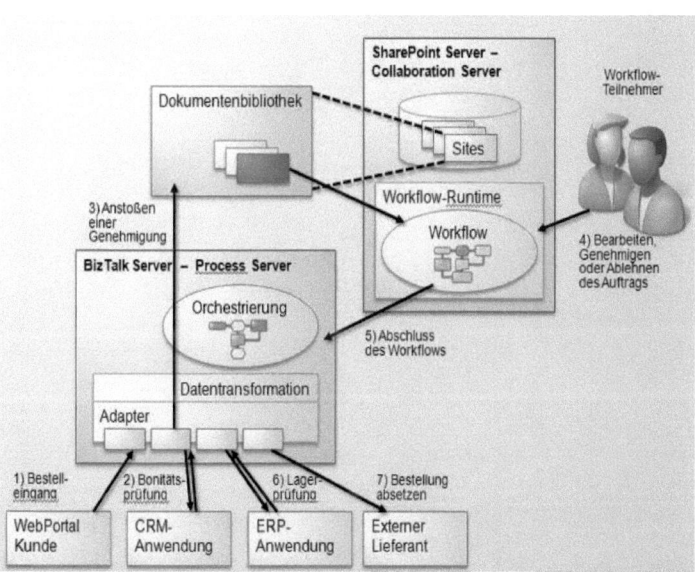

Nachdem wir den BizTalk Server für unser Projektseminar als Lösungsmöglichkeit ausgeschlossen haben, sind wir auf den zweiten Lösungsansatz von Microsoft gestoßen, Microsoft Workflow Foundation.

Mit der Microsoft Workflow Foundation können sehr simpel Entscheidungsbäume bzw. If-Else-Verzweigungen dargestellt werden. Dazu wird nur die Entwicklungsumgebung Microsoft Visual Studio benötigt. Programmierkenntnisse werden dabei nur rudimentär gebraucht. Die Anbindung zu Microsoft Office stellt dabei auch keine Probleme dar und die Bibliothek ist Bestandteil der .Net-Entwicklungsumgebung von Microsoft.

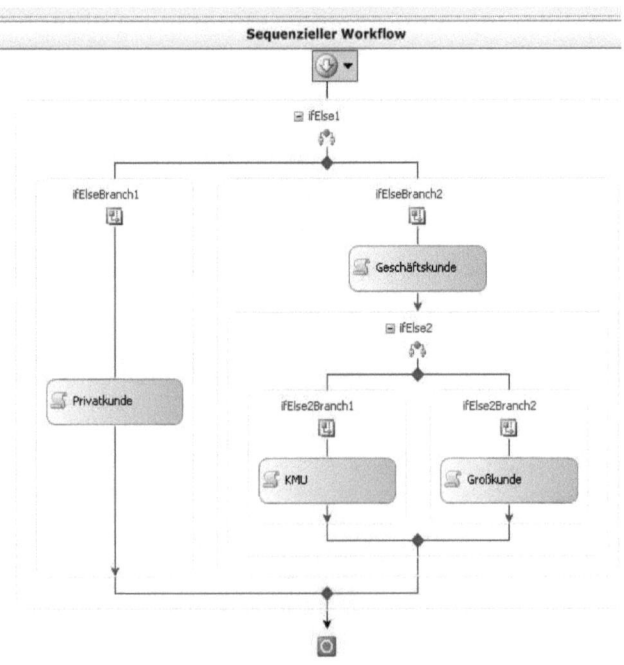

(Darstellung Workflow)

```
public IfElseWorkflow()
{
    InitializeComponent();
    //Console.WriteLine(System.Workflow.Activities.IfElseBranchActivity.

}

private void ManagerApprovalHandler(object sender, EventArgs e)
{
    Console.WriteLine("Privatkunde\n");
}

private void VPApprovalHandler(object sender, EventArgs e)
{
    Console.WriteLine("Geschäftskunde");
}
```

(Ausschnitt vom Quellcode)

5.5 FICO Blade Advisor

Die Fair Isaac Corporation, oder kurz FICO, bietet als Business Rule Engine
den Blaze Advisor an. Laut eigenen Aussagen ist dieser besonders auf
Fachanwender ausgelegt, d.h. die Verwaltung der Business Rules kann
unabhänging von IT-Kräften erfolgen.

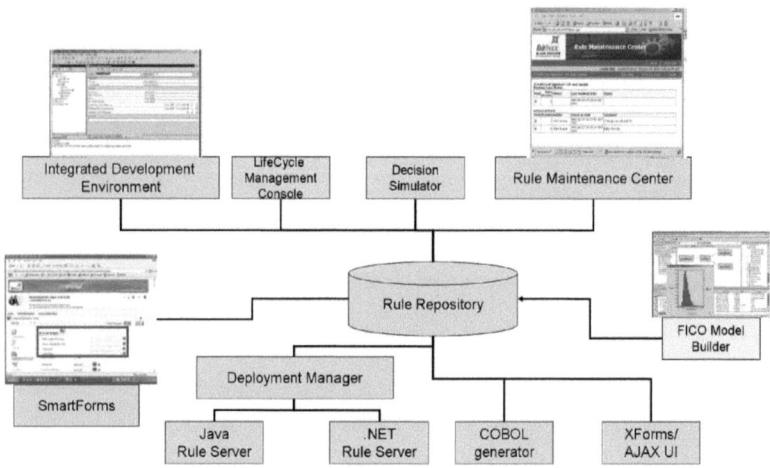

(Die Komponenten des Blaze Advisors)

Obwohl je eine Version sowohl zur Implementierung in Java als auch in
einer .NET-Umgebung zur Verfügung steht, liegt nur erstere als Testversion
vor.

Deswegen war für uns die weitere Arbeit mit dem Blaze Advisor
ausgeschlossen.

6.6 Corticon

Von der Firma Progress gibt es die Rule Engine „Corticon", die auf den ersten Blick zunächst wie perfekt geeignet für unser Vorhaben schien.

Das zur Rule Engine gehörende Corticon Business Rules Studio bietet eine gut gestaltete grafische Oberfläche, eine sehr gute Anbindung an .NET Anwendungen, sowie eine Reihe weiterer nützlichen Funktionen. Dies sind zum Beispiel ein Debugger, der die zusammenhängende Logik erstellter Regeln prüft. Desweiteren gibt es eine Funktion, die automatisch die erstellten in einer Dokumentation zusammenfasst.

Als wir die Software einem Praxis-Test unterzogen wurde aber leider schnell der erste negative Punkt gefunden. Dieser bestand darin, dass zum Betrieb der Software extra ein Server aufgesetzt werden muss, auf dem der „Corticon Business Rules Server" installiert werden muss. Dies ist insbesondere für kleinere Software-Projekte wahrscheinlich schon ein Ausschlusskriterium.

Wir haben die Rule Engine aber trotzdem weiter untersucht bis sich für unsere Zwecke ein klares KO-Kriterium offenbarte.

Dies bestand darin, dass Corticon nicht sehr flexibel und ausschließlich auf den Versicherungsbereich ausgerichtet ist. Für die zwei von Herrn Prof. Wiedemann vorgegeben Software-Projekte also leider nicht zu gebrauchen.

7.7 FlexRule

FlexRule ist eine Bisuness Rule Engine der Firma PlaintFramework aus
Australien, die entwickelt wurde um die Software bzw. Softwaresysteme
flexibel gestalten zu können. Die Softwarelösung besteht aus API-
Bibliotheken, Designer, Tester und einen Debugger mit denen sich Regeln
erstellen, verwalten und ausführen lassen.

Die Softwarelösung besteht aus 3 Produkten:

Framework

Das Framework enthält die Rule Engines, die API-Bibliotheken und Logiken,
die für die Ausführung der Rule Engines zuständig sind.

PlaintFramework hat sechs Rule Engines entwickelt, die für verschiedene
Einsatzmöglichkeiten konzipiert sind. Die Engines lassen sich miteinander
kombinieren, sodass komplexe Geschäftsprozesse abgebildet und gesteuert
werden können.

Ein wichtiges Feature bei FlexRule ist die tranparente Zugriffmöglichkeiten
auf die Regeln. Dabei bietet die Software eine große Anzahl an
vorgefertigten Verbindungskomponenten, wie Web (http), Datenserver
(FTP), lokale Daten und Datenbanken. Damit kann man die Regeln flexibel
in die bestehende Infrastruktur integrieren.

Folgende Engine stehen bei FlexRule zur Verfügung:

Procedural Engine

Diese Engine arbeitet die erstellten Regeln zeilenweise ab. Bei der
Erstellung der Regeln kann man nicht nur „Wenn-Dann" Verzweigungen,
sondern kann auch Schleifen benutzen und so komplexe Regel realisieren.

In den Regeln kann man auf übergebene Elemente zugreifen, dabei können es die Variablen des aufrufenden Programms sein oder auch die Objekte des Programms. Durch die Regeln kann man weiterhin die Methoden, der Objekte aufrufen, was eine Möglichkeit der Codeinjection darstellt.

Validation Engine

Mit Hilfe dieser Engine werden Eingaben (System/User) gegen festgelegten Fakten abgeglichen und die logischen Operatoren (true bzw. false) zurückgegeben. Mit dieser Engine kann man einfache Regel, wie zB. Syntaxprüfung der Email-Adresse, Kreditkartennummer oder ISBN erstellen.

Forward-Chain-Inference Engine

Dabei handelt es sich um eine Wissensdatenbank. Die Engine basiert auf dem RETE-Algorithmus, der wegen seiner guten Performance bekannt ist und wird unter andrem bei der Rule Engine Drools eingesetzt.

Mit dieser Engine wird ein logisches Netzwerk aufgebaut, wobei die einzelnen Regeln die Knoten des Netzwerks darstellen. Damit lassen sich die Regeln einfach und effizient verwalten und ändern.

Flow Engine

Die Flow Engine besteht aus zweit Komponenten. Mit der kleinen Flow Engine werden einfache Prozesse dargestellt. Diese Prozesse haben keine Verzweigungen und stellen nur die Verbindung zwischen mehrere Einzelschritten dar.

Workflow Engine

Mit Hilfe der Workflow Engine lassen sich komplexe Geschäftsprozesse abbilden. Die einzelnen Instanzen des Workflows können auch Regeln anderer Engines sein. Die Engine behandelt die Teilprozesse, während des gesamten Lebenszückluses des Geschäftsprozesses.

Decision Table

Die Entscheidungstabelle ist ein einfaches Instrument zur Erstellung von Regeln. Die Regeln werden mit der Kalkulationssoftware, wie Microsoft Excel oder Google Docs erstellt. Der Vorteil dieser Methode ist, dass die Ersteller keine Programmierkenntnisse aufweisen müssen. Die Tabellen können somit von Mitarbeitern erstellt werden, die für die jeweiligen Bereiche des Unternehmen tätig sind in denen die Software eingesetzt wird. Ein Vertriebsmitarbeiter kann selbstständig die Regeln für die Behandlung der Kunden, wie die Gewährung eines Rabattes, erstellen.

Designer

Der Designer besteht aus mehreren Tools. Das wichtigste Tool ist der Designer zum Entwickeln und Bearbeiten der Geschäftsregel. Das Erstellen der Regeln wird durch die eine Editoroberfläche und die Drag-and-Drop-Methode vereinfacht. Für die Erstellung von komplexen Regeln für die Procedural Engine sind einige Programmierkenntnisse erforderlich.

Die erstellten Regeln können Mithilfe eines Regeltesters im Designer überprüft werden. Für eine erweiterte Untersuchung der Regeln steht ein Debugger zur Verfügung mit dem die Regeln Schritt für Schritt ausgeführt werden können.

Connectors

Dieses Produkt bietet die Zugriffsmöglichkeit auf Produkte anderer Hersteller um so die eigenen Regel anzuwenden oder vorhandene Fremdregeln zu verwenden. Es werden vorgefertigte Komponente für WebAPI, Windows Communication Foundation, ASP.NET Forms, Model View Controller und EntityFramework bereitgestellt.

Versuchsaufbau

Für die Validierung der Software wurde die Decision Table mit Verbindung der Validation Engine ausgewählt. Bei diesem Versuch wurden Regeln mit Hilfe einer Microsoft Excel Tabelle erstellt.

Input kunde output title, rabatt			
condition		action	
kunde.einkaufsmenge>=$value	kunde.einkaufsmenge<=$value	set title $value	set rabatt $value
1	5	privat	0
6	10	privat mit Mengenrabatt	5
11	20	gewerblich	0
21		großauftrag	5

(Tabelle mit Regeln)

Der Aufbau der Entscheidungstabelle ist sehr flexibel. Die Tabelle wird ab dem Feld mit dem Inhalt Decision eingelesen. Die Spalten und Zeilen, die sich vor und rechts neben dem Startwort befinden werden nicht eingelesen und können für Kommentare verwendet werden. Neben dem Startwort kann in der Zeile der Name, in dem Fall „einkaufskonditionen", der Regel festgelegt werden. In der zweiten Zeile werden die übergebenen Inputvariablen festgelegt. Diese müssen in dem Programmcode beim initialisieren der Decision Engine übergeben werden. FlexRule setzt stark auf Objektorientierung, sodass die Variablen auch Objekte sein können. In unserem Fall wurde ein Strukt „kunde" mit den Attributen „einkaufsmenge" festgelegt.

```
var kunde = new {einkaufsmenge = i};
```

In der Zeile 3 stehen die Outputvariablen. Das sind Daten, die an das Programm übergeben werden. In unserem Fall sind es „title" und „rabatt". Diese Variablem werden in einem Ergebniscontainer abgelegt und können nach dem Ausführen der Regel ausgelesen werden.

```
Console.WriteLine("Title: {0}\t\t\tRabatt: {1}", engine.Context.VariableContainer["title"], engine.Context.VariableContainer["rabatt"]);
```

Die nächste Zeile unterteilt sich in zwei Bereiche. Der erste Bereich („condition") steht für die Regeln bereit. Das Feld „condition" muss sich über alle Felder mit den Daten erstrecken.

Der zweite Bereich („action") ist der Ergebnisbereich. Hier wird festgelegt, was passiert, wenn die Regel in der Zeile zutrifft. Hier können entweder bestimmte Ergebnisse in den Container geschrieben werden oder die Methoden von Objekten aufgerufen werden. Analog zum Bedingungsfeld muss das Feld „action" sich über alle Ergebnisfelder erstrecken.

Die Zeile unter den Feldern „condition" und „action" ist für die Formeln reserviert. Hier werden Methoden beschrieben, wie die unterstehenden Daten verarbeitet werden sollen. In unserem Fall wird bei den Bedingungsfeldern der Wert „kunde.einkaufsmenge" mit den Daten verglichen und bei den Aktion-Feldern werden die Daten in den Container geschrieben und über die Konsole ausgegeben.

Nach der Zeile mit Formeln kommt eine Kommentarzeilen, die beliebigen Inhalt aufweisen kann. Die nachfolgende Zeile muss frei bleiben und danach folgen die Datenfelder. Die Menge der Datenfelder ist unbegrenzt und kann auch Leerfelder enthalten. Die Anzahl der Bedingungen und der Aktionen ist auch unbegrenzt.

Programmablauf

Bei Start des Programm wird zuerst die Lizenz geprüft. Ist diese Abgelaufen, wird ein Kompilierungsfehler ausgelöst.

Nach der Überprüfung der Lizenz wird die Tabelle geladen und die geladenen Regeln an die Validation Engine übergeben. Die Regeln werden eingelesen, interpretiert und an den Ausführungsplan übergeben.

```
// Load models
var models = LoadModelFromExcelFile();

// Create execution plan that can be shared
var executionPlan = new Validator(models[0]);
```

```
private static IIterable<IElementModel> LoadModelFromExcelFile()
{
    // Load the excel document
    var reader = new ExcelTableReader(@"DecisionTable.xlsx", "Sheet1");

    // Reads all the tables in a specific sheet
    var tables = reader.GetTables();
    Console.WriteLine("Regeln wurden aus der Tabelle geladen.");
    // Create parser for table
    ITableParser tableParser = TableParser.CreateParser();

    // Parse the tables to model
    IIterable<IElementModel> models = tableParser.Parse(tables);

    return models;
}
```

Nachdem der Ausführungsplan geladen wurde, kann man diesen mit festgelegten Variablen beladen. Nun werden die übergebenen Variablen mit der Validation Engine mit den Regeln abgeglichen und bei einem Treffer die Ergebnisvariablen in den Ergebniscontainer geschrieben.

```
do
{
    var i = rnd.Next(1, 25);

    var kunde = new {einkaufsmenge = i};
    // Create a Validator engine to execute a decision table
    // All decision tables would be transformed into a Validation rule
    var engine = new ValidatorEngine(executionPlan);

    engine.Validate("main", kunde);
    // throw if exception happens
    if (engine.Context.Exception != null)
        throw engine.Context.Exception;

    Console.WriteLine(count);
    Console.WriteLine("Title: {0}\t\t\tRabatt: {1}", engine.Context.VariableContainer["title"], engine.Context.VariableContainer["rabatt"]);
    if (count < 6) {
        System.Threading.Thread.Sleep(1000);
    }
    if (count == 6)
    {
        StartZeit = DateTime.Now;
    }
    count++;
} while (count < 10000);
```

Performance

FlexRule wird als sehr schnelle und „leichte" Rule Engine beworben. Da in unserem Integrationsszenario der Einsatz in einer Simulation geplant ist, ist die Performance von entscheidender Bedeutung. Für diesen Zweck wurde eine Performancetest durchgeführt. Dabei wurde die Zeit gemessen, die das Programm für eine bestimmte Anzahl an Regeln und eine bestimmte Anzahl an Durchläufen braucht. Analog unserem Beispiel wurde die Entscheidungstabelle erweitert, sodass der Test bei 10, 20 und 50 unterschiedlichen Regeln durchgeführt wurde. Dabei verwendete man für jede Regelkonstellation 1.000, 10.000 und 100.000 Durchläufe. Die Zahlen für jeden Durchlauf wurden mit einer Zufallsfunktion erstellt und der Validation Engine übergeben.

Nach dem Test wurde eine Datenmatrix erstellt und in ein Diagramm überführt.

		Anzahl der Durchläufe	
	1000	10000	100000
10	00:00:00,80342	00:00:05,39454	00:00:51,59492
Anzahl der 20	00:00:01,40608	00:00:11,76067	00:01:54,40054
Regeln 50	00:00:02,93716	00:00:27,03854	00:04:22,36100

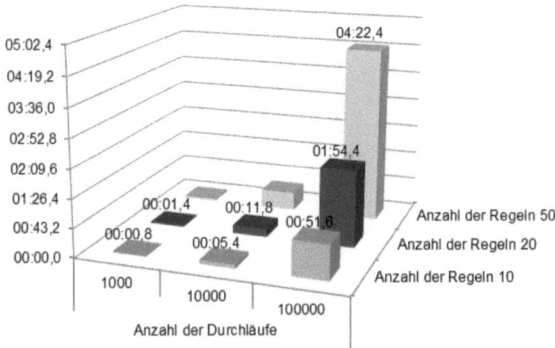

Die Ergebnisse zeigen einen linearen Anstieg der Bearbeitungszeit und zwar sowohl bei Erhöhung der Anzahl der Regeln als auch bei Erhöhung der Anzahl der Durchläufe. Dabei beträgt die Bearbeitungszeit im schlechtestem Testfall ca. 266 Mikrosekunden (2,66 ms) und im besten Testfall ca. 51 Mikrosekunden (0,51 ms) beträgt.

Während der Testläufe wurde auch die Zeit gemessen, die das Programm zum Laden der Tabelle benötigt. Dabei wurde festgestellt, dass die Ladezeit unabhängig der Anzahl der Regeln rund 2,7 Sekunden beträgt.

Das Ergebnis der Untersuchung zeigt, dass die Performance der Software für eine Simulation geeignet ist und eingesetzt werden kann.

Kosten

Die Kosten des Systems konnten über die Seite des Anbieters ermittelt
werden.

Lizenzbezeichnung	Preis AUD	Preis €
Per-Enterprise Production Licence	$50.000	32.435,5
Per-Product Production Licence	$12.000	7.784,52
Per-Seat Development Licence	$2.000	1.297,42
Per-Seat Production Licence	$1.000	648,71
Per-Seat Rules and Logic Designer Licence	$500	324,35
Yearly Subscription	$1.500	973,06

Fazit

Mit FlexRule bietet PlaintFramework eine mächtige Softwarelösung, die
durch Flexibilität und einfache Implementierung überzeugt. Die
verschiedenen Möglichkeiten die Geschäftsregeln zu erstellen, zu verwalten
und zu bearbeiten machen die Software vielseitig und die Nutzung von MS
Excel oder Google Docs als Regeleditor man die Software auch zugänglich
für Mitarbeiter ohne Programmierkenntnisse.

Die sechs Engines und die möglichen Kombinationen aus diesen Engines
decken weitreichend die Geschäftsbereiche eines Unternehmens ab.

Die Softwarelösung ist Aufgrund des Preises eher für große Firmen
empfehlenswert, da hier der Wert der Rule Engine, die als Hilfsmittel
fungiert, den Wert der eigentlichen Software übersteigen kann.

8.8 Drools

Die Open Source Business Rule Engine Drools ist der .NET-kompatible
Ableger der auf Java basierenden Rule Engine JBoss Rule, bei welcher es
sich ebenfalls um Open Source Software handelt.

Drools stellt mehrere DLLs zur Verfügung, über welche die Rule Engine in
ein Programm eingebunden werden kann. Die Regeln selbst werden in einer
DRL-Datei gespeichert und haben eine eigene Syntax. Alle anderen
Komponenten wie eine graphische Oberfläche oder das erneute Laden von
Regeln müssen selbst erstellt werden. Daraus ergibt sich, dass zur Nutzung
der Rule Engine Programmierkenntnisse unabdingbar sind.

Wir haben aus diesem Grund beschlossen eine Testumgebung zur Nutzung
von Drools zu entwickeln und diese zum Vergleich mit anderen Anbietern
mit heranzuziehen.

```
SimpleRulesExt.drl

1   package MinimalDroolsForm
2
3   rule "Child"
4       when
5           custChild : CustomerRecord( Alter < 13 )
6       then
7           MinimalDroolsForm.Form1.debugResult("Kind");
8   end
9
10  rule "Teen"
11      when
12          custTeen : CustomerRecord( Alter > 12, Alter < 18 )
13      then
14          MinimalDroolsForm.Form1.debugResult("Jugendlicher");
15  end
16
```

(Zwei Beispiel-Rules)

Da alles was über die reine Regelabfrage hinausgeht selbst programmiert werden muss, ergibt sich eine hohe Flexibilität und außerdem eine gute Performance.

Für kleinere Projekte, die sowie so einen hohen Eigenentwicklungsbedarf aufweisen oder einen hohen Wert auf Performance legen ist Drools daher gut geeignet.

4 Eigententwicklung

Für einige Unternehmen ist es möglichweise wirtschaftlicher eine eigene Rule Engine zu programmieren. Gerade wenn nicht der ganze Funktionsumfang einer größeren Rule Engine benötigt wird, weil es bspw. reichen würde Regeln auf Basis einer Entscheidungstabelle zu treffen, wäre dies die kostengünstigere Möglichkeit.

Eine Rule Enginge auf Basis von Entscheidungstabellen könnte innerhalb von ein bis zwei Wochen realisiert werden. Wenn man die Arbeitsstunden der Angestellten dabei in einen Vergleich mit den Preisen unserer Favoriten setzt, zeigt sich, dass es sehr viel wirtschaftlicher wäre, es selbst zu programmieren.

Möchte man statt einer Entscheidungstabelle ein grafisches Werkzeug benutzen, um Regeln zu erstellen, so würde sich der Einsatz der Microsoft Workflow Foundation anbieten. Die damit erstellten XML-Dokumente könnte man dann in der eigenen Rule Engine interpretieren.

Für eine Implementierung dieses Projekts müssten ungefähr drei Wochen Arbeit eingeplant werden.

Eine weitere Möglichkeit für eine Eigenentwicklung, die im Bereich SOA genutzt werden soll, ist die Code Injection. Damit könnten Quellcode bzw. Regeln werden der Laufzeit nachgeladen werden. Auch diese Möglichkeit wäre schnell, in ca. einer Arbeitswoche, implementiert.

Somit müsste man für eine eigene Rule Engine mit den Möglichkeiten der Entscheidungstabelle, Visueller Erstellung und Code Injection ca. ein Viertel-Jahr Entwicklung eingeplant werden.

Nutzt man also die weiteren Dienste des FlexRule Systems wie bspw. Wissensmanagement nicht, so wäre das die wirtschaftlichere Lösung.

5 Quellen

IBM:

http://pic.dhe.ibm.com/infocenter/dmanager/v8r0/topic/
com.ibm.wodm.family.overview/topics/wodm_family_overview.html

http://www-03.ibm.com/software/products/de/odm/

http://pic.dhe.ibm.com/infocenter/dmanager/v8r0m1/topic/
com.ibm.wodm.family.overview/images/diag_overview.jpg

Microsoft:

http://www.microsoft.com/global/de-de/server/RenderingAssets/biztalk-
server-bpm_technischedarstellung_800.jpg

http://www.microsoft.com/de-de/server/biztalk-server/
einsatzbereiche.aspx#552

TCL/TK:

http://www.tcl.tk/about/index.html

http://www.tcl.tk/about/uses.html

http://www.tcl.tk/about/features.html

FICO:

http://www.fico.com/de/unternehmen/aktuelles/presse/fico-blaze-advisor-
marktfuhrend-bei-innovation-und-offenheit/

Drools:

http://www.redhat.com/products/jbossenterprisemiddleware/business-rules/

http://de.slideshare.net/onyame/regelbasierte-systeme-mit-jboss-drools-presentation

Corticon:

http://www.progress.com